BEI GRIN MACHT SICH
WISSEN BEZAHLT

- Wir veröffentlichen Ihre Hausarbeit,
  Bachelor- und Masterarbeit

- Ihr eigenes eBook und Buch -
  weltweit in allen wichtigen Shops

- Verdienen Sie an jedem Verkauf

Jetzt bei www.GRIN.com hochladen
und kostenlos publizieren

Bibliografische Information der Deutschen Nationalbibliothek:

Die Deutsche Bibliothek verzeichnet diese Publikation in der Deutschen National-
bibliografie; detaillierte bibliografische Daten sind im Internet über http://dnb.d-
nb.de/ abrufbar.

Impressum:

Copyright © 2011 GRIN Verlag, Open Publishing GmbH
Druck und Bindung: Books on Demand GmbH, Norderstedt Germany
ISBN: 9783656413707

Dieses Buch bei GRIN:

http://www.grin.com/de/e-book/212881/pk-infrastrukturen-im-unternehmensumfeld

Marc Sundermann

PK-Infrastrukturen im Unternehmensumfeld

GRIN Verlag

GRIN - Your knowledge has value

Der GRIN Verlag publiziert seit 1998 wissenschaftliche Arbeiten von Studenten, Hochschullehrern und anderen Akademikern als eBook und gedrucktes Buch. Die Verlagswebsite www.grin.com ist die ideale Plattform zur Veröffentlichung von Hausarbeiten, Abschlussarbeiten, wissenschaftlichen Aufsätzen, Dissertationen und Fachbüchern.

Besuchen Sie uns im Internet:

http://www.grin.com/

http://www.facebook.com/grincom

http://www.twitter.com/grin_com

INHALTSVERZEICHNIS

ABBILDUNGSVERZEICHNIS

1 Einleitung

Die heutige Unternehmenswelt arbeitet intensiv mit neuen Informations- und Kommunikationsmitteln, die auf das Internet angewiesen sind respektive intensiv damit arbeiten. Das Internet birgt mannigfaltige Risiken für Unternehmen und Endverbraucher, darunter Betrug, Informationsdiebstahl, Fälschungen und Identitätsraub. Ein aktuelles Beispiel ist das sogenannte Phishing, das Web-Seiten von seriösen Unternehmen kopiert und dem Anwender identisch darstellt, um an Benutzernamen und Passwörter zu geschützten Bereichen zu gelangen. Vor dem Hintergrund dieser Gefahren besteht ein hoher Bedarf an Sicherheitsmechanismen, die es erlauben im Internet mit sensitiven Informationen zu arbeiten. Angefangen von der Authentifizierung an Webportalen, über das Signieren von Programmcode bis hin zur Übermittlung einer wichtigen Information via E-Mail an einen vertrauenswürden Geschäftspartner (Rechtsanwälte) benötigen solche Dateien ein sicheres Fundament. Das etablierte Verfahren, um solche Kommunikationswege zu schützen, ist das Public-Key-Verfahren und die damit einhergehende Implementierung von Public Key Infrastrukturen (PK-Infrastrukturen). Die Einführung solcher PK-Infrastrukturen stellt für Unternehmen und deren IT Abteilungen eine große Herausforderung dar. Viele IT-Verantwortliche bewerten die Einführung von PKInfrastrukturen falsch und sehen PK-Infrastrukturen eher als notwendiges Übel an und nicht als ganzheitliches Sicherheitskonzept, das sich dahinter verbirgt. PKInfrastrukturen bedienen sich digitaler Zertifikate um Benutzer zu identifizieren, Kommunikation oder Dateien zu verschlüsseln oder digital zu signieren.

92% aller europäischen Unternehmen sehen den Aufbau einer PK-Infrastruktur als strategische Notwendigkeit. Dies belegt eine aktuelle Studie der European Electronic Messaging Association (EEMA).[1] 64% aller Betriebe setzen demnach bereits heute ein asymmetrisches Verschlüsselungsverfahren zur Absicherung ihrer elektronischen Nachrichten ein.

Innerhalb dieser Seminararbeit werden die Basistechnologien, Einsatzformen, Risiken und Best Practices von PK-Infrastrukturen beschrieben.

---

[1] Vgl. https://www.eema.org/AreaOfFocus/OtherActivities/ConferencesAndMeetings, Stand 2011

2 Anforderungen an IT-Sicherheit

Zur Verdeutlichung der Anforderungen an die IT-Sicherheit gibt es in der Fachliteratur die sogenannten drei Sicherheitssäulen, die Beachtung innerhalb einer IT-Infrastruktur finden müssen: [2]

Vertraulichkeit: Daten dürfen lediglich von autorisierten Benutzern gelesen bzw. modifiziert werden, dies gilt sowohl beim Zugriff auf gespeicherte Daten wie auch während der Datenübertragung.

Integrität: Daten dürfen nicht unbemerkt verändert werden, respektive müssen alle Änderungen nachvollziehbar sein.

Authentizität: Echtheit und Glaubwürdigkeit einer Person oder eines Dienstes müssen überprüfbar sein.

Abbildung 1: Die drei Sicherheitspfeiler

Darüber hinaus kommt die Verfügbarkeit der IT-Systeme zum Tragen, sodass das Fundament des Schaubilds die Verfügbarkeit darstellt.

Verfügbarkeit: Verhinderung von Systemausfällen; der Zugriff auf Daten muss innerhalb eines vereinbarten Zeitrahmens gewährleistet werden.[3]

---

[2] Vgl. [Pohlmann (2009), S.87]

[3] Vgl. [Kersten (1995), S. 75]

3 Grundlagen

Im folgenden Kapitel werden einige Grundlagen der klassischen Kryptographie vorgestellt, die die Basis für die kryptographischen Protokolle und Verfahren von PKInfrastrukturen darstellen.

3.1 Kryptographie

Die Kryptographie, die Wissenschaft der Verschlüsselung, diente in den Anfängen dazu

Schriftverkehr vor Unbefugten zu schützen. Die Anfänge der Kryptographie können bis zum dritten Jahrtausend vor Christus nachvollzogen werden. Die Kryptographie wurde über die Jahrhunderte hinweg in verschiedensten Szenarien genutzt, um entsprechende Kommunikationswege zu schützen.[4] An einem simplen Beispiel kann die Verschlüsselung und Entschlüsselung verdeutlicht werden: Die spartanische Skytale war eine Verschlüsselungsmethode, die einen Holzstab mit gleichem Umfang als Schlüssel voraussetzte. Bei dieser Methode handelt es sich um die Transpositions-Chiffre. Durch das Verschlüsseln der des Satzes „SEND HELP!" in den Geheimtext (Ciphertext)

„SEELNPD!H" bleibt die Nachricht für Unbeteiligte verschlüsselt.[5]

Abbildung 2: Beispielhafte Kryptographielösung „Skytale" ca. 500 v.Chr.

Für die Informationstechnologie wurde die Kryptographie durch Claude Shannon im Jahr 1948 und durch die Arbeiten von Diffie und Hellman aus dem Jahr 1978 zum Fundament für die Basistechnologien von PK-Infrastrukturen.

---

[4] Vgl. [Singh (1999), S. 18]

[5] Vgl. [Spitz (2011), S. 3]

3.2 Symmetrische Verschlüsselung

Die klassische Kryptographie nutzt ausschließlich symmetrische Verschlüsselungsverfahren.[6] Die Besonderheit bei symmetrischen Verschlüsselungsverfahren ist der Einsatz lediglich eines Schlüssels zum ver- und entschlüsseln einer Information. Dieser Schlüssel muss zwingend bei beiden Kommunikationspartnern, die sicher miteinander kommunizieren wollen, vorhanden sein (vgl. Holzstab in Abbildung 2 „Skytale").

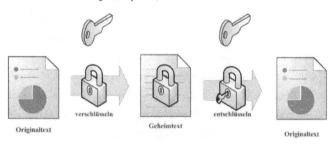

Abbildung 3: Schemazeichnung „symmetrische Verschlüsselung"

Die Abbildung 3 zeigt, wie symmetrische Verschlüsselung prinzipiell funktioniert. Auf den Originaltext wird eine Verschlüsselungsfunktion in Abhängigkeit eines kryptographischen Schlüssels angewendet. Der aus dieser Verschlüsselung resultierende Geheimtext lässt sich ausschließlich mit dem geheimen Schlüssel wieder entschlüsseln.

Der Nachteil dieses Verfahren ist der Tausch sowie die Aufbewahrung des Schlüssels. Sobald der Schlüssel kompromittiert ist, kann keine sichere Kommunikation mehr gewährleistet werden. Darüber hinaus werden pro Kommunikationspartner mit dem verschlüsselt kommuniziert werden soll ein weiteres kommuniziertes Schlüsselpaar benötigt.

Beispiele für die weitverbreitetsten symmetrischen Verschlüsselungsverfahren sind:

- Data Encryption Standard (DES)
- Triple - Data Encryption Standard (3DES)
- Advanced Encryption Standard (AES)
- International Data Encryption Algorithm (IDEA)
- Rivest Cipher 5 (RC5)

3DES wird derzeit am häufigsten im Bankensektor eingesetzt und der AES Standard ist für staatliche Dokumente in den USA freigegeben.

---

[6] Vgl. [Maurer (2001), S. 45]

3.3 Asymmetrische Verschlüsselung

Die asymmetrische Verschlüsselung setzt zwei Schlüssel voraus, die zum Ver- und Entschlüsseln eingesetzt werden. Man spricht von einem öffentlichen - (Public-) und einem privaten Schlüssel (Private Key). Die Besonderheit bei dieser Art der Verschlüsselung ist, dass die Schlüssel voneinander unabhängig sind d.h., dass keine Rückschlüsse von einem Schlüssel auf den Anderen gezogen werden können.[7] Voraussetzung für die verschlüsselte Kommunikation ist die vorherige Zustellung des Öffentlichen Schlüssels an den Kommunikationspartner. Sobald ein Kommunikationspartner den öffentlichen Schlüssel des Empfängers besitzt, kann dieser die Nachricht mit Hilfe des öffentlichen

Schlüssels verschlüsseln und an den Empfänger übertragen. Der Empfänger kann nach

Erhalt der verschlüsselten Nachricht mit Hilfe seines privaten Schlüssels die Nachricht entschlüsseln.

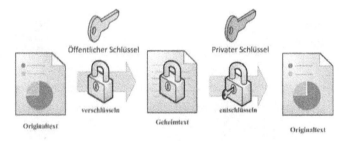

Abbildung 4: Schemazeichnung „asymmetrische Verschlüsselung"

Der private Schlüssel des Empfängers muss zwingend vor Unbefugten geschützt werden. Der Speicherort des privaten Schlüssels muss gemäß aktuellen Sicherheitsstandards auf externe Medien (USB Stick / Diskette) oder auch in geschützte Verzeichnisdienste verlagert werden. Das asymmetrische Verschlüsselungsverfahren alleinstehend hat Schwachpunkte. Zum einen kann ohne vertrauenswürdigen Verzeichnisdienst der öffentliche Schlüssel schwer einem Kommunikationspartner zugeordnet werden. Des Weiteren kann die Gültigkeit ohne eine vertrauenswürdige Instanz nicht validiert werden, sodass der Kommunikationspartner evtl. mit einem bereits zurückgezogenen öffentlichen Schlüssel verschlüsselt. Diese Lücken des Verfahrens lassen sich mithilfe einer PK-Infrastruktur schließen.

---

[7] Vgl. [Bruns (1999),S. 146]

3.4 Digitale Zertifikate

Ein digitales Zertifikat ist ein Datensatz, der Eigenschaften von Personen oder Objekten bestätigt. "Mit einem Zertifikat wird eine digitale Bescheinigung über die Zuordnung eines öffentlichen Signierschlüssels zu einer natürlichen oder juristischen Person ausgestellt"[8] Der aktuelle Standard von Zertifikaten ist der X.509-v3-Standard der nachfolgende Informationen beinhält:

* Versionsnummer
* eine eindeutige Seriennummer
* Signatur
* Namen des Signierschlüsselinhabers
* den zugeordneten öffentlichen Signierschlüssel
* die verwendeten Algorithmen
* den Gültigkeitszeitraum des Zertifikates
* den Namen der Zertifizierungsstelle
* Pfadlänge
* Zertifizierungsrichtlinien

Die oben genannten Informationen sind zwingend erforderlich, sodass die beschriebene eindeutige Zuordnung des Zertifikats zur natürlichen oder juristischen Person möglich wird. Abbildung 5 zeigt ein gültiges Zertifikat, dass eindeutig einer natürlichen Person zugeordnet ist.

---

[8] gemäß [Legler (2001), S. 25]

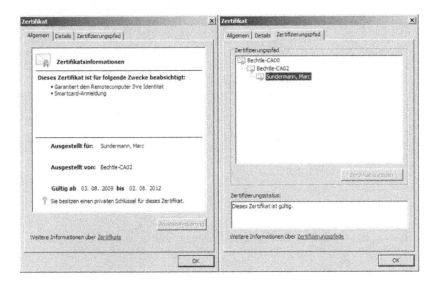

Abbildung 5: Beispielhaftes Zertifikat für Smartcard-Anmeldung

3.5 Digitale Signatur

Die digitale Signatur erlaubt es zwei Kommunikationspartnern die Integrität und Authentizität einer Nachricht bzw. eines Datensatzes sicherzustellen. Das Verfahren sieht vor, dass vor dem beispielsweisen Absenden einer E-Mail der Datensatz mit Hilfe eines Hash Wertes, der durch einen Hash Algorithmus generiert wurde, signiert wird.[9] Dabei ist die digitale Signatur als digitaler Ersatz für die normale Unterschrift zu sehen. Mithilfe des privaten Schlüssels wird die digitale Signatur erstellt, welche durch den öffentlichen Schlüssel verifiziert wird. Nach Empfangen der signierten Nachricht kann der Empfänger sowohl davon ausgehen, dass die Nachricht während des Transports unverändert geblieben ist, als auch dass der Sender die Person ist, die im Besitz des privaten Schlüssels ist. Sowohl E-Mails, Programmcode und Treiber werden heutzutage digital signiert, um die eindeutige Herkunft und Authentizität zu garantieren. Abbildung 6 zeigt das Verfahren zum digitalen Signieren als auch das Verfahren zum Verifizieren der signierten Datei.

---

[9] Vgl. [Fuhrberg (2000), S. 96]

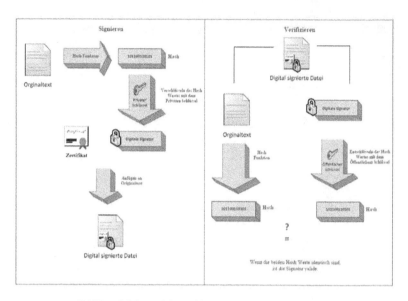

Abbildung 6: Schemazeichnung Signieren und Verifizieren einer Datei

Für das Erstellen solcher Signaturen werden heutzutage folgende Verfahren eingesetzt:

Secure Hash Algorithm – 1 (SHA-1)

Message Digest 5 (MD5)

4 Public Key Infrastruktur

„Eine PK-Infrastruktur setzt sich zusammen aus einer Menge von Zertifizierungsstellen, die in ihrer Gesamtheit die Ausgabe, Verbreitung, Verwaltung und Sperrung von Zertifikaten ermöglichen bzw. wesentlich vereinfachen und die in einem bestimmten Kontext als vertrauenswürdig angenommen werden können."[10]

Das ganzheitliche Management von Zertifikaten, von Erstellung bis hin zur Löschung übernehmen PK-Infrastrukturen, wobei diese aus einzelnen Komponenten bestehen, die jeweils eine Aufgabe in der Gesamtinfrastruktur übernehmen:

4.1 Registrierungsstelle

Die Registrierungsstelle (englisch: Registration Authority / kurz: RA) nimmt die Zertifikatsanträge von Benutzern, Administratoren oder Servern entgegen. Danach erfolgt die Prüfung. Die

---

[10] gemäß [Oppliger (2001), S.41]

Prüfung besteht darin, ob der Antragssteller überhaupt ein Zertifikat bei dieser PK-Infrastruktur beantragen darf und wenn ja in welcher Form. Solche Prüfungen finden zumeist im nachgelagerten Verzeichnisdienst statt (Bsp.: Microsoft Active Directory). Sobald der Anfrage zugestimmt wird, wird diese an die Zertifizierungsstelle weitergeleitet. Die Registrierungsstelle bildet somit die Schnittstelle zwischen dem Antragsteller und der PK-Infrastruktur.

4.2 Zertifizierungsstelle

Die Zertifizierungsstelle (englisch: Certification Authority / kurz: CA) stellt unter Zuhilfenahme eines Zeitstempel dem Antragsstellers ein Zertifikat aus. Die Zertifizierungsstelle ordnet hierbei dem Antragsteller den öffentlichen Schlüssel zu und signiert ihn mit dem privaten Schlüssel der Zertifizierungsstelle. Somit entsteht ein digitales Zertifikat für den Antragsteller. Dieses Zertifikat wird im Nachgang dem Antragsteller zugestellt respektive über Schnittstellen (Bsp.: Webserver mit Authentifizierung) zur Abholung bereitgestellt. Darüber hinaus wird das Zertifikat veröffentlicht, sodass es von etwaigen Kommunikationspartnern verifiziert werden kann. Die Zertifizierungsstelle ist die zentrale Einheit einer PK-Infrastruktur und muss entsprechend sorgfältig geschützt werden.

Die Zertifizierungsstelle wird häufig als Synonym für eine gesamte PK-Infrastruktur genutzt. Die Zertifizierungsstelle erfüllt zudem die Aufgabe des Zurückrufens von Zertifikaten. Wird ein digitales Zertifikat zurückgerufen, veranlasst die Zertifizierungsstelle eine Sperrung und fügt Sperrinformationen in die so genannte Zertifikatssperrliste ein. Das Zurückrufen von Zertifikaten kann durch mehrere Umstände ausgelöst werden: Der Administrator zieht ein Zertifikat zurück (Bsp.: Ausscheiden eines Mitarbeiters) oder ein Benutzer fordert ein neues Zertifikat an, da sein bestehendes Zertifikat kompromittiert wurde oder ausgelaufen ist. Durch das Neuanfordern des Benutzerzertifikats, wird automatisch das alte Zertifikat zurückgezogen.

4.3 Zertifikatsperrliste

Die Zertifikatssperrliste (englisch: Certificate Revocation List / kurz: CRL) veröffentlicht die oben genannten Sperrinformationen über zurückgezogene, abgelaufene oder kompromittierte Zertifikate. Diese Sperrliste wird regelmäßig veröffentlicht und erlaubt es Benutzern oder Systemen eine Prüfung der Gültigkeit von digitalen Zertifikaten durchzuführen. In größeren Umgebungen wird in Zyklen zusätzlich zur Zertifikatssperrliste eine Deltazertifikatssperrliste ausgegeben, um möglichst aktuelle Informationen bereitzustellen.

4.4 Validierungsdienst

In Unternehmen mit größeren PK-Infrastrukturen und einer sehr hohen Anzahl von ausgegebenen Zertifikaten kommt der Validierungsdienst (englisch: Validation Authority / kurz: VA) zum Einsatz. Dieser Dienst überprüft Zertifikate in Echtzeit. Die Protokolle Online Certificate Status Protocol (OCSP) und Serverbased Certificate Validation Protocol (SCVP) erlauben es hochfrequente Anfragen von Systemen an die Zertifizierungsstelle zu beantworten. Ein Beispiel für hochfrequente Anfragen sind IPSec basierte VPN Zugänge für mehrere tausend Benutzer.

4.5 Zertifikatsrichtlinie

Die Zertifikatsrichtlinie (englisch: Certificate Policy / kurz: CP) beschreibt die Regeln für die Ausstellung und Verwaltung von Zertifikaten. Sie beschreibt die Art und Konfiguration von Zertifikaten. Beispielsweise werden Gültigkeitsdauern und Verschlüsselungsgrade in ihr definiert.

4.6 Verzeichnisdienst

Ein Verzeichnisdienst (englisch: Directory Service / DS) ist ein durchsuchbares Verzeichnis, das Informationen über die ausgestellten Zertifikate enthält, damit die Benutzer oder Systeme Informationen über die im Umlauf befindlichen Zertifikate erhalten.

Ein Praxisbeispiel für einen Verzeichnisdienst ist das Microsoft Active Directory.

4.7 Anwendungsbeispiel „Zertifikatsantrag"

- Benutzer A fordert bei der Registrierungsstelle (RA) ein Zertifikat an
- Die Registrierungsstelle (RA) überprüft gemäß der Zertifikatsrichtlinie (CP), ob und welches Zertifikat Benutzer A erhalten soll
- Die Registrierungsstelle (RA) fordert stellvertretend für den Benutzer A bei der Zertifizierungsstelle (CA) ein Zertifikat gemäß der Zertifikatsrichtlinie (CP) an
- Die Zertifizierungsstelle (CA) stellt dem Benutzer A ein Zertifikat aus
- Die Zertifizierungsstelle (CA) aktualisiert den Validierungsdienst (VA)
- Benutzer A sendet Benutzer B eine signierte Mail
- Benutzer B überprüft den öffentlichen Schlüssel von Benutzer B mithilfe des Validierungsdiensts

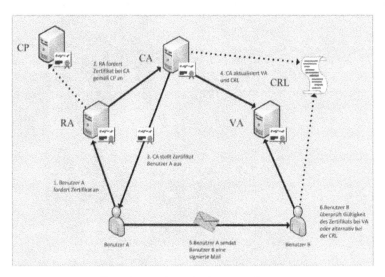

Abbildung 7: Anwendungsbeispiel eines Zertifikatsantrags

5 Zertifizierungshierarchien

Entsprechend des Einsatzwecks der PK-Infrastruktur entstehen verschiedene Ausbaustufen und Hierarchien. Beginnend von kleinen Ausbaustufen bis hin zu weltumspannenden PK-Infrastrukturen werden in diesem Kapitel die gängigsten Formen erläutert.

5.1 Flache PK-Infrastrukturhierarchie

Die einfachste Form der PK-Infrastruktur ist die flache Zertifizierungshierarchie, die in Abbildung 8 dargestellt ist, besteht die PK-Infrastruktur lediglich aus einer Zertifizierungsstelle und aus vielen Teilnehmern (Subscriber).

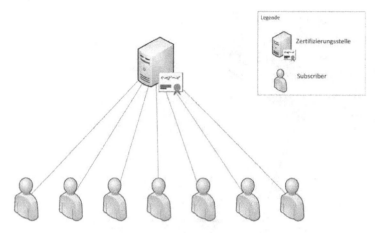

Abbildung 8: Schemazeichnung einer flachen PK-Infrastruktur

Die Implementierung solcher PK-Infrastrukturen ist gemäß Herstellervorgaben schnell zu realisieren, jedoch erfordern diese Spezial Knowhow. Die Zertifizierungsstelle in der flachen PK-Infrastrukturhierarchie umfasst alle in Kapitel 4 beschriebenen Einzelkomponenten und vereint diese auf einem respektive auf wenigen Servern. Diese Ausbaustufe findet man häufig in kleinen Unternehmen, die eine interne PK-Infrastruktur, teils als Insellösung, betreiben. Die Art der Implementierung solcher PKInfrastrukturhierarchien erfüllt nicht die höchsten Sicherheitsanforderungen, da keine Trennung zwischen einer Stammzertifizierungsstelle und einer Zertifizierungsstelle, die mit den Teilnehmern kommuniziert, getroffen wird. Durch die direkte Kommunikation mit der einzigen Zertifizierungsstelle bestehen hohe Sicherheitsrisiken.[11]

5.2 Streng hierarchische PK-Infrastrukturhierarchie

Die streng hierarchische Form der PK-Infrastruktur enthält mehrere, hierarchisch angeordnete Zertifizierungsstellen. Die einzelnen Ebenen sind voneinander logisch getrennt und entsprechen den höchsten Sicherheitsanforderungen und den Best Practices der Hersteller.[12] [13]

Auf oberster Ebene der Hierarchie steht die Stammzertifizierungsstelle (englisch Root

---

[11] Vgl. [Schmeh (2009), S. 579]

[12] Vgl. [Schmeh (2009), S. 575]

[13] Vgl. http://technet.microsoft.com/en-us/library/cc779826(WS.10).aspx, Stand 10.12.2011

Certificate Authority / kurz Root CA). Das Zertifikat der Stammzertifizierungsstelle wird eigenständig von ihr selbst signiert. Die Stammzertifizierungsstelle stellt die Wurzel der Vertrauensbasis der gesamten PK-Infrastruktur dar. Die Gültigkeitsprüfung der Zertifikate hängt von der Gültigkeit des Stammzertifizierungsstellenzertifikats ab. Durch diesen Umstand wird das Stammzertifizierungsstellenzertifikat langfristig ausgestellt (~15 Jahre). Darüber hinaus ist es Best Practice, dass die Stammzertifizierungsstelle getrennt von Netzwerk betrieben wird und der Datenaustausch hin zur untergeordneten Ebene über Wechselmedien (USB Stick / Diskette) geschieht.[13]

Die mittlere Ebene sind die Zertifizierungsstellen im Onlinemodus (Online Certificate Authority / kurz Online CA). Diese Zertifizierungsstellen dienen als Bindeglied zwischen der Root CA und den untersten Ebenen. Zumeist werden über die Online CAs verschiedene Zertifizierungslösungen realisiert, die getrennt voneinander betrieben werden. (Bsp.: DMZ Authentifizierung parallel zur E-Mailverschlüsselung). Die Zertifikate der Online CAs der mittleren Ebene sind von einer übergeordneten Stammzertifizierungsstelle signiert. Jedes Zertifikat dieser Hierarchie kann auf das Zertifikat der Stammzertifizierungsstelle zurückgeführt werden.

Die unterste Ebene der PK-Infrastrukturhierarchie stellen die Subscriber Zertifizierungsstellen (Subscriber CA). Die Zertifikate dieser Zertifizierungsstellen wurden von der höheren Ebene, der Online CAs ausgestellt. Die Subscriber CAs stehen im direkten Kontakt mit den Teilnehmern und stellen die benötigten Zertifikate für die Benutzer aus. Die Subscriber CAs können verschiedenste Zertifikate an die Benutzer ausgeben, jedoch sind diese gebunden an die Zertifizierungslösung der mittleren Ebene der Online CAs.

Diese Form der PK-Infrastruktur entspricht auch den größten Zertifizierungsstellen der derzeitigen Marktführer (Bsp.: Firma VeriSign).[14]

Die Abbildung 9 zeigt eine streng hierarchische PK-Infrastruktur mit drei Ebenen und einer dedizierten Stammzertifizierungsstelle.

---

[14] Vgl. http://www.verisign.com/repository/CPS/, Stand 09.12.2011

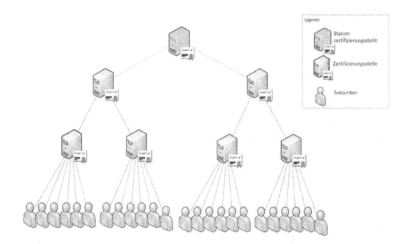

Abbildung 9: Schemazeichnung einer streng hierarchischen PK-Infrastruktur

Die Abbildung 10 zeigt ein Zertifikat aus einer streng hierarchischen PK-Infrastruktur mit vier Ebenen.

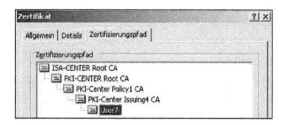

Abbildung 10: Zertifikat aus einer streng hierarchischen PK-Infrastruktur

In der Abbildung 10 entspricht

die „PKI-Center RootCA" der Stammzertifizierungsstelle,

die „PKI-Center Policy1 CA" der Online Zertifizierungsstelle,

und die „PKI-Center Issuing4 CA" der Subscriber Zertifizierungsstelle aus der Abbildung 9.

5.3 Cross-Zertifizierung PK-Infrastrukturhierarchie

Die Cross-Zertifizierung ermöglicht es über den Austausch von Zertifizierungsstellenzertifikaten voneinander unabhängige PK-Infrastrukturhierarchien direkt miteinander zu verbinden.[15] Wie in Abbildung 11 zu sehen vertrauen sich über den Austausch von Zertifikaten die beiden

---

[15] Vgl. [Schmeh (2009), S. 496]

Stammzertifizierungsstellen von vormals vollkommen autark betriebenen PK-Infrastrukturen. Diese Form der Hierarchie ist eine Konsequenz aus Anforderungen von Unternehmen, die mittelgroße bis große PK-Infrastrukturen betreiben. Es ist bei Capture Venture - oder Fusionsprozessen kaum denkbar, dass große PKInfrastrukturen sich innerhalb eines kurzen Zeitraums in eine andere PK-Infrastruktur ohne Schwierigkeiten einbetten lassen. Durch die Vertrauensstellung der Stammzertifizierungsstellen können relativ schnell Fusionen von PK-Infrastrukturen abgebildet werden, dazu ist es nötig, dass sich die Stammzertifizierungsstellen beider Unternehmen gegenseitig ein digitales Zertifikat ausstellen, um die Teilnehmer beider PKInfrastrukturen in das jeweilige Vertrauensmodell mit einzuschließen. Bestehende PK-Infrastrukturen der einzelnen Organisationen werden somit miteinander verknüpft, indem bereits ausgegebene Zertifikate eingebunden werden. Durch diese Vertrauensstellung müssen keine neuen Zertifikate ausgestellt und distribuiert werden. Voraussetzung für diese Art der Vertrauensstellung ist eine technische Abstimmung der beiden Stammzertifizierungsstellen.[16]

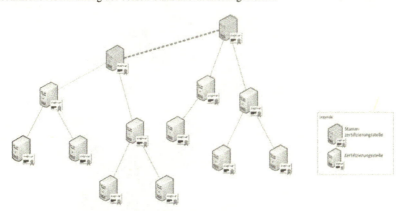

Abbildung 11: Schemazeichnung Cross-Zertifizierung PK-Infrastruktur

5.4 Bridge CA PK-Infrastrukturhierarchie

Eine weitere PK-Infrastrukturhierarchie ist der Ansatz der Bridge CA. Da das Cross-

Zertifizierungsverfahren nicht zwingend in einer 1:1-Beziehung voraussetzt und N:MBeziehungen denkbar sind, sind auch theoretische globale PK-Infrastrukturhierarchien denkbar. Da PK-Infrastrukturen von verschiedensten Herstellern zur Verfügung gestellt werden (Bsp.:

---

[16] Vgl. https://www.netrust.net/docs/whitepapers/cross_certification.pdf, Stand 16.12.2011

Microsoft, Sun Microsystems, Suse, etc.) gibt es im globalen Kontext verschiedene Interoperabilitätsprobleme.[17] Die Bridge CA bindet verschiedenste PKInfrastrukturen über ihre eigene in ein globales Netz ein. Das gesetzte Ziel von Bridge

CA ist die Vertrauenslücken sowohl zwischen existierenden und noch einzurichtenden

PKIs pragmatisch zu überbrücken.[18] Die technische Voraussetzung zur Anbindung der einzelnen PK-Infrastrukturhierarchien setzt minimale Richtlinienanforderungen technische Vorbedingungen voraus, um möglichst viele potentielle PK-Infrastrukturen zu vereinen. Eine formale Prozedur für die Registrierung stellt sicher, dass alle Teilnehmer den Mindestanforderungen gerecht werden. Die Abbildung 12 zeigt die Anbindung verschiedener PK-Infrastrukturen über einen definierten Mittler (Bridge CA-Zertifizierungsstelle).

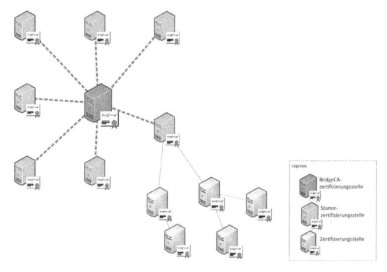

Abbildung 12: Schemazeichnung Bridge CA - PK-Infrastruktur

---

[17] Vgl. http://www.t7ev.org/neuigkeiten/newsdetail/article/interoperabilitaet-bei-der-elektronischensignatur-weiter-gesichert-aktualisiertes-testbed-zur-versi.html, Stand 27.11.2011

[18] Vgl. [Schmeh (2009), S. 496]

6 Interne und öffentliche PK-Infrastrukturen

Da die Implementierung einer eigenen PK-Infrastruktur für Unternehmen meist eine hohe Investition bedeutet, gibt es verschiedene Dienstleister, die Zertifizierungsdienstleistungen Unternehmen anbieten.[19,20] Von der Ausstellung eines einzelnen EMailsignaturzertifikats bis hin zur Bereitstellung einer gesamten, durch den Dienstleister betriebenen, PK-Infrastruktur sind verschiedenste Szenarien möglich.[21]

6.1 Interne PK-Infrastruktur

Sobald eine interne PK-Infrastruktur implementiert ist, können folgende Angebote den eigenen Mitarbeitern respektive Partnerunternehmen zur Verfügung gestellt werden:

- Implementierung eines IPSec - Virtual Private Network
- Bereitstellung von Zertifikatsbasierte Dateiverschlüsselung
- Single-Sign-On Smartcard Authentifizierung
- Verschlüsselte und signierte E-Mailkommunikation
- Implementierung von gesicherter mobiler Kommunikation

Das größte Problem beim Betrieb einer internen PKI besteht darin das Vertrauen auf Seiten der Benutzer zu implementieren. Die Benutzer sowie die eingesetzten Systeme müssen über Mechanismen dazu gebracht werden der neu entstandenen PK-Infrastruktur zu vertrauen, um die oben genannten Services in Betrieb zu nehmen. Diese Implementierung der Vertrauensstellung bedarf hoher Aufwendungen.

6.2 Öffentliche PK-Infrastruktur

Für die Implementierung einer öffentlichen PK-Infrastruktur ergeben sich die oben genannten Probleme nicht, da über Verfahren wie z.B. die automatische Distribution der Stammzertifizierungsstellenzertifikate das Vertrauen weltweit geschaffen wird. Um den Status einer weltweit agierenden PK-Infrastruktur zu erreichen müssen erhebliche Vorkehrungen getroffen werden, die in kurzen Zeitabschnitten behördlich überprüft werden. Die Vorkehrungen, die zu treffen sind werden in bestimmten Abständen durch den Betreiber in einem „Certificate Practice Statement" dokumentiert.[22]

---

[19] Vgl. [Schmeh (2009), S. 561]

[20] Vgl. http://www.msctrustgate.com/pdf/TCO%20for%20PKI.pdf, Stand 10.12.2011

[21] Vgl. http://www.symantec.com/de/de/business/verisign/managed-pki-service, Stand 17.12.2011

[22] Vgl. http://www.verisign.com/repository/CPS, Stand 10.12.2011

7 Risiken und Probleme beim Einsatz von PK-Infrastrukturen

Da eine PK-Infrastruktur die Basis aller auf Ihr aufgebauten Sicherheitssysteme darstellt, müssen hohe Sicherheitsmaßnahmen getroffen werden, um den entsprechenden Schutz dieses Kernelements zu gewährleisten.[23] Die besten Firewall-, VPN-, Authentifizierungsmechanismen nützten nichts, wenn die darunterliegende PK-Infrastruktur kompromittiert wurde.

7.1 Sicherer Betrieb von PK-Infrastrukturen

Gemäß den aktuellen Sicherheitsstandards sollten unter anderen folgende Voraussetzungen erfüllt sein, damit ein sicherer PK-Infrastruktur Betrieb gewährleistet wird:

- Die Stammzertifizierungsstelle muss getrennt vom Netz betrieben werden
- Die Kommunikation mit der Zertifizierungsstelle muss verschlüsselt geschehen
- Die eingesetzten kryptografischen Algorithmen müssen den neuesten Sicherheitsstandards entsprechen
- Schlüsselbeantragung und Nutzung müssen klar definiert sein

Für öffentliche PK-Infrastrukturen werden solche Voraussetzungen zyklisch überprüft.

7.2 Fallbeispiel DigiNotar

Anhand des aktuellen Beispiels des DigiNotars werden die Risiken und Probleme beim Betrieb von PK-Infrastrukturen veranschaulicht. Im Jahr 2009 wurde die PKInfrastruktur der Firma DigiNotar durch einen Hacker kompromittiert mit schwerwiegenden Folgen, die Aufschluss über die Konsequenzen einer kompromittierten Stammzertifizierungsstelle zeigen.[24] Durch eine unzureichend geschützte Serverinfrastruktur konnte der Angreifer Zugriff auf die Stammzertifizierungsstelle erlangen. Der Angreifer konnte über einen langen Zeitraum eine Vielzahl (Anzahl ~ 500) von falschen Zertifikaten ausstellten. Die Zertifikate wurden für diverse Web-Seiten ausgestellt. Durch das vorhandene Vertrauen der DigiNotar Zertifikate innerhalb verschiedenster Webbrowser wurde diesen falschen Zertifikaten ausnahmslos vertraut.

Betroffen von dieser Kompromittierung waren unter anderen folgende Web-Seiten:

- *.google.com
- *.windowsupdate.com
- *.facebook.com

---

[23] Vgl. http://technet.microsoft.com/en-us/library/bb680496.aspx, Stand 01.12.2011

[24] Vgl. http://www.heise.de/firma/DigiNotar, Stand 05.12.2011

- *.skype.com
- *.torproject.org

Durch das Ausstellen falscher Zertifikate für die oben genannten beispielhaften Web-Seiten wäre ein globaler Informationsdiebstahl, eine globale Korruption mehrere hunderttausender Windows Betriebssysteme und weitere größtmöglich anzunehmende Katastrophen möglich. Die Zertifikate der DigiNotars sind weltweit verbreitet und der DigiNotar wurde standardmäßig in den verschiedensten Webbrowsern als "vertrauenswürdig" eingestuft.

Abbildung 13: Browsermeldung bei einem gefälschten Zertifikat

Die Sicherheitsmechanismen eines Webbrowsers agieren sobald ein Zertifikat als nicht vertrauenswürdig deklariert wird, jedoch wie in Abbildung 13 zu sehen ist, wurden alle Sicherheitsmechanismen der Webbrowser überbrückt, da dem falschen DigiNotarZertifikat vertraut wird.[25] Dadurch können ohne Probleme alle über den Webbrowser ausgetauschten Informationen abgefangen und gespeichert werden.

Die zu spät ergriffene Gegenmaßnahme war das globale Zurückziehen des Vertrauens in den Webbrowsern.[26] In Abbildung 14 ist die Liste der zurückgezogenen Zertifikate des DigiNotars auf einem Windows 7 Rechner zu sehen. Durch einen Eintrag in dieser Liste wird dem Webbrowser eindeutig vermittelt, dass dieser Stammzertifizierungsstelle und jeglichem ausgestellten Zertifikat dieser nicht mehr vertraut werden darf und für Zertifikate dieser Stammzertifizierungsstelle alle Sicherheitsvorkehrungen aktiviert werden.

---

[25] Vgl. http://www.webdevout.net/browser-security, Stand 01.12.2011

[26] Vgl. http://threatpost.com/en_us/blogs/microsoft-revokes-trust-five-diginotar-root-certs-mozilla-dropstrust-staat-der-nederland-cert, Stand 17.12.2011

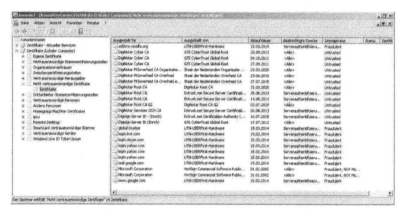

Abbildung 14: Ansicht der Liste der nicht vertrauenswürdigen Zertifikate

Durch den Fall des DigiNotars wird deutlich welche globalen Auswirkungen eine kompromittierte weltweit agierende Stammzertifizierungsstelle hat.

8 Schlussbetrachtung und Ausblick

Grundsätzlich gilt, dass jedes Unternehmen, das im Internet aktiv vertreten ist, die Daten und Kommunikationswege sichern muss. Die vorliegende Seminararbeit beschreibt die gängigste Implementierung einer Sicherheitsinfrastruktur, die alle gestellten Anforderungen erfüllt. Die Sicherheitsanforderungen innerhalb Unternehmen, die im Internet vertreten sind, sind nach wie vor hoch und bedingen den Einsatz der beschriebenen Technologie. Der Betrieb solcher PK-Infrastrukturen erfordert tiefes Fachwissen und ein entsprechendes Verantwortungsbewusstsein. Neben den geforderten Skills werden zudem hohe Investitionen in die Infrastruktur vorausgesetzt oder alternativ hohe Vertragskosten bei Outsourcing-Szenarien.

In Anbetracht der vorgestellten Technologien und ihrer Verbreitung in Unternehmen sind PK-Infrastrukturen mittlerweile fester Bestandteil der IT-Sicherheitsstrukturen vieler Unternehmen, fester Bestandteil von Großunternehmen und werden zukünftig immer weiter an Bedeutung gewinnen.

Aktuelle Ereignisse wie die Kompromittierung der DigiNotar Stammzertifizierungsstelle zeigen deutlich die Auswirkungen von ungesicherten PK-Infrastrukturen. Für die Zukunft sollten einheitliche Implementierungs- und Sicherheitsvorgaben allgemeingültig vorausgesetzt werden, sodass ein global einheitlicher Sicherheitsstandard etabliert wird. Dieser Standard sollte entsprechend der Priorität streng und global überwacht werden, um weitere Vorfälle in der Dimension eines DigiNotars zu verhindern.

Abschließend wird festgestellt, dass PK-Infrastrukturen keine Insellösungen für Sicherheitsimplementierungen sind, sondern ganzheitliche IT-Sicherheitskonzepte für Unternehmen darstellen.

9 Anhang

9.1 Literaturverzeichnis

[Bruns (1999)] Bruns, W.F.C.: Digitale Signatur: Vom Papierdokument zum beweissicheren digitalen Dokument, in Geis, I. u.a. (Hrsg.), Rechtsaspekte des elektronischen Geschäftsverkehrs: auf dem Weg zur Informationsgesellschaft, Kryptographietechnologien: digitale Signatur und Verschlüsselung; rechtliche Rahmenbedingungen, Eschborn 1999.

[Fuhrberg (2000)] Fuhrberg, K.: Internet-Sicherheit Browser, Firewalls und Verschlüsselung, München: Carl Hanser Verlag, 2000.

[Kersten (1995)] Kersten, H.: Sicherheit in der Informationstechnik, München: R. Oldenbourg Verlag, 1995.

[Legler (2001)] Legler, T.: Electronic Commerce mit digitalen Signaturen in der Schweiz, Bern: Stämpfli Verlag AG, 2001.

[Maurer (2001)] Maurer U.: Informationssicherheit und Kryptographie, Vorlesungsskript, 2001.

[Oppliger (2001)] Oppliger, R.: Von der PKI zum Trust Management - Möglichkeiten und Grenzen einer Schweizer PKI aus technischer Sicht. digma - Zeitschrift für Datenrecht und Informationssicherheit, Vol. 1, Nr. 2, 2001.

[Oppliger (2001)] Oppliger, R.: Secure Messaging with PGP and S/MIME, Artech House Verlag Norwood, 2001.

[Singh (1999)] Singh, S.: The Code Book. The Sience of Secrecy form Ancient Egypt to Quantum Cryptography, 1999.

[Spitz (2011)]: Spitz,S.;Pramateftakis, M.; Swoboda, J.: Kryptographie und ITSicherheit: Grundlagen und Anwendungen, 2011.

[Schmeh (2009)]: Schmeh, K.: Kryptografie: Verfahren, Protokolle, Infrastrukturen, 2009.

9.2 Internetquellenverzeichnis

European Electronic Messaging Association: PKI Usage within User Organisations https://www.eema.org/AreaOfFocus/OtherActivities/ConferencesAndMeetings

Microsoft: PKI Technologies http://technet.microsoft.com/en-us/library/cc779826(WS.10).aspx

VeriSign: Symantec Trust Network Certification Practice Statement (CPS) http://www.ver-isign.com/repository/CPS

Entrust: Cross-Certification and PKI Policy Networking https://www.netrust.net/docs/white-papers/cross_certification.pdf

Berufsverband der Trustcenterbetreiber: Interoperabilität bei der elektronischen Signatur wei-ter gesichert http://www.t7ev.org/neuigkeiten/newsdetail/article/interoperabilitaet-bei-der-elektronischensignatur-weiter-gesichert-aktualisiertes-testbed-zur-versi.html

VeriSign: TCO for PKI http://www.msctrustgate.com/pdf/TCO%20for%20PKI.pdf

Symantec: Symantec Managed PKI Service http://www.symantec.com/de/de/business/ver-isign/managed-pki-service

Microsoft: Best Practices for Certificate Management http://technet.microsoft.com/en-us/li-brary/bb680496.aspx

Heise: Themenseite DigiNotar http://www.heise.de/firma/DigiNotar

Webdevout: Web browser security summary http://www.webdevout.net/browser-security

Kaspersky Lab Security News Service: Microsoft Revokes DigiNotar Certificates
http://threatpost.com/en_us/blogs/microsoft-revokes-trust-five-diginotar-root-certs-mozilladrops-trust-staat-der-nederland-cert

www.ingramcontent.com/pod-product-compliance
Lightning Source LLC
La Vergne TN
LVHW042311060326
832902LV00009B/1411